自然《じねん》の声に聞く

大田利生
Oota Risho

自然の声に聞く4＊目次

初出：自照社ホームページで二〇二一年五月〜二〇二二年十月に
配信（https://jishosha.shop-pro.jp）

装画　湯田利恵子

音を聞く、声を聞く

　私達は、さまざまな音を耳にして生活しています。騒音のようにいい香りを掻《か》き消してしまう音もあり、こころが安らいでいくような音色《ねいろ》に出会うこともあります。そして、同じものを聞いても人によって感じ方、受けとり方には大きな違いがあるはずです。

　ところで、音だけではなく「声を聞く」といいます。音と声、どちらも「聞く」ですが、その間には大きなへだたりがあるように思われます。声を聞くとなると、いのちの交流が始まるように感じられるからです。

いま、梅雨の只中ですが、かつて中国では、雨の音を楽しむという習慣がありました。楽器でも奏《かな》でているように思ったのでしょう。そこには、自然と一体になっている姿も彷彿《ほうふつ》としてきます。

私の居住しているところではこの時期、田圃《たんぼ》で鳴くカエルの声が賑やかです。その声に圧倒されそうです。でも、それを聞いて合奏していると感ずれば、それも煩《わずら》いではなくなります。カエルに対する親しみと、共に生きているという思いが湧いてくるようです。

同じようなこころが次の歌にも読みとれます。

山鳥の　ほろほろと鳴く　声聞けば
　父かとぞ思ふ　母かとぞ思ふ

山鳥の声と父母に対する思慕《しぼ》の思いが重なっています。『無量寿経《むりょうじゅきょう》』には浄土の世界をあらわすとき、「音声《おんじょう》」ということばがしばしば出ます。「音」だけではありません。また、たとい「音」とあるばあいでも、「こえ」と読ませています。「その音《こえ》を聞くものは」というように。味わい深く拝読することです。

（二〇二一年五月・六月）

風鈴の音

音は、時に静寂を破り、そして安らぎの世界にいざなってくれる不思議な力も持っています。その意味で、音は生きていると言っていいでしょう。

いま、夏の季語でもある「風鈴《ふうりん》」に登場してもらうことにしました。爽《さわ》やかな風にのってその響きが聞こえてくると、心いやされる思いがします。あのリンリンと鳴る音が一服の涼《りょう》を感じさせることは確かです。それが遠音《とおね》であれば一層です。俳句にも、「風鈴の遠音きこゆる涼しさよ」とあります。

とはいっても、最近の住宅事情からは、風鈴の吊された風景を眼にすることはむつかしくなってきました。

風鈴の歴史は、一説に約二千年前の中国の「占風鐸《せんふうたく》」にあるといわれます。風鐸が寺院の本堂の四隅や仏塔に吊されるようになり、次第に小型化して風鈴となっていきます。もとは金属製でしたが、江戸時代にガラス製のものが現われてきた、と伝えられます。

この風鈴は、その文字自体が示しているように、風によって音を出し、風のおかげで心地よい音が聞けるのです。浄土に吹き渡っている風は、微風《みふう》、徳風《とくふう》、清風《しょうふう》などと表現されます。それが枝葉にあたると、妙法《みょうほう》の音声《おんじょう》が演《えん》出《すい》されるといいます。

ただ、風は眼には見えないものです。世間ではよく、眼に見えないものは信じない、と言います。しかし、風鈴が鳴っていることは、風が通り過ぎている証拠です。眼には見えなくても、あるといえます。私達にはこの肉眼を信頼し、頼りすぎているところはないでしょうか。この視覚とよく対《つい》をなして示される聴覚も大事にしたいと思います。風鈴の音を聞くのも、自然の音を聞くのも、全て聴覚ですから。

（二〇二一年七月・八月）

照らされてこそ

爽秋《そうしゅう》、うだるような暑い日々もいつしか遠ざかり、見上げれば雲の様子も積乱雲からいわし雲へと変わっています。さらに、月は徐々に高く鮮やかになってくるようです。これは空気の澄み具合が原因で、夏には眼に見えない水蒸気が多く、秋から冬にかけては湿度が下がるからということらしいです。

秋になると月が美しいので、京都のあちこちのお寺では観月会《かんげつえ》が催されます。今はコロナ禍で中止になっているかもしれませんが。昔から中秋の名月にはススキと団子をお供えする風習もあります。

ある国文学者は言います。「人間が月に到達して以来、科学的解明が進められているが、一方あの蒼白《そうはく》な光芒《こうぼう》の神秘から人間の心を自由にすることはできない。月の神秘を恐れることもまた、大事である」と。

月面の土地の取り合いが、もし国々の間で起こるとすれば、何のための月面到達だったのかと思わざるをえません。どこまでも人類の幸せのためであってほしいものです。

ところで、ご存じのように月の美しさは、それが自身の輝きではなく、太陽の光をそのまま受けているからです。このことは、阿弥陀如来のご本願を素直に受け入れている姿にたとえられます。「まかせよ、かならず救う」との呼びかけを信じる姿であります。そして受け入れるということは、こちらからのはからいは一切ないということでもあります。暗い夜道を照らす月明かりも、今は沈んで見えない太陽のおかげということです。

（二〇二一年九月・十月）

本願を聞く

「香りをかぐ」といいます。漢字をあてると「嗅」の字になりますが、香《こう》道《どう》では「聞香（ききこう、もんこう）」という語であらわします。しかし、この言い方は香りが聴覚の対象となっているようで、器官の働きとうまく対応しません。ですから耳馴れないことばに感じられます。

仏典には、この「聞香」ということばが少なからず見られます。たとえば「香を聞きて華あるを知る」とか、「若《も》し衆生《しゅじょう》ありて此《こ》の香を聞くを得ば、七日七夜、歓喜悦楽《かんぎえつらく》せん」ともあります。このようなことばを後に訓読するばあい、聞を「かぐ」と読ませていることがあります。ただ、聞は「聞く」のままで、何も「嗅ぐ」と読まなくていいのでは、という意見もあります。「嗅香」といわずに「聞香」というところには何か深いものが感じとれます。ですから、香りも単に嗅覚の対象だけではないということになります。

ところで、浄土真宗は、「聞《もん》の宗教」ともいわれます。この「聞」の字は、「聴」の字と熟字して「聴聞《ちょうもん》」とよくいいます。そして、聴の意味は、私の方からきいていく、聞は、きこえてくる声をきく、といわれます。

では、何を聞くのでしょう。如来の本願を聞くのです。浄土真宗とは本願そのものだからです。そして、聞くということは、私の姿が知らされていくということです。「松影の黒きは月の光かな」という句があります。月の光にあって黒い影が見えてくるのです。今まで気づかなかったことに気づかされるということです。

（二〇二一年十一月・十二月）

和菓子と無常

手もとに『視覚化する味覚』という一冊の本があります。その中に「和菓子の美学」というコラムが見られ、次のように記されています。

和菓子の意匠《いしょう》、菓銘は季節感を抽象化したものとともに、自然を模したものが多い。……季節感を感じさせる和菓子の色や形はその移り変わりを伝えることも大切だが、そこから四季の違いや変化を楽しむことができるとともに万物《ばんぶつ》の無常《むじょう》さも読みとれるのではないだろうか。

と。また、「和菓子の自然美、美学には刹那《せつな》に楽しむ色や味、そうしたはかなさがあらわれている」と言われます。

季節感を感じ、楽しむといえば、冬はどのような和菓子の意匠になるのでしょうか。雪が薄く積もった白い色に、冬に咲く花をそえてみるのも一つではないでしょうか。

今一つ、この文章の中で注目したいのは、「万物の無常さが読みとれる」というところです。私達は、どんなとき無常ということ、ことばを思い浮かべるのでしょうか。秋に真っ赤に染まった紅葉が一晩にして嵐で散り落ちるとします。春の桜も同じです。散りゆく姿の中に無常を感ずる人は多いと思います。しかし、全山が燃えるように下の方から色づいていく、また花の蕾《つぼみ》が膨《ふく》らんでまさに咲こうとしているのも無常であります。だから、決して衰えていく方向だけに限らず、成長していく方向も無常の意味に考えたいものです。

今の状態のままでいつまでもいることはできません。にもかかわらずこのままでいたいと思うところが誰にもあります。そこに苦しみも生じてくることになるのでしょう。言い換えれば、無常だから励めばそれだけ向上していくのであり、怠ければ、衰退していきます。仏教は努力論だといわれることがあります。

（二〇二二年一月・二月）

春の訪れ

　庭に出て木々に近づいてみると、小枝に小さな芽がいくつもついています。春の訪れは木の方がよく知っているのかと思いながら、暫《しばら》く立ち止まって見ていました。

　梅のたよりも聞かれます。どんなに寒くても時期が来れば咲き、次は桃、そして桜へと季節の推移を感じさせてくれます。ただ、北国では春は遅く、三つの花はほぼ同時に咲くそうです。季節の変化が感じられて、やはり別々に咲く方がいいねという人もおられますが、今咲いている梅の花は清楚で気品が漂っています。そして、香りがまたなんともいえません。秋の金木犀《きんもくせい》と双璧《そうへき》だといわれます。

春爛漫《はるらんまん》の頃になりますと、さまざまな花が咲き乱れます。私達は美しく咲いた花を見ていますが、それを咲かせている自然やさまざまな縁のことも忘れてはなりません。高原の陸地には水仙は咲きません。もちろん、砂漠にも。かつて、モンゴルの砂漠へ植樹に行ったことがありますが、花を植えたわけではありません。「花が咲くのも雨と風、花が散るのも雨と風」ということばもあります。さまざまな縁がより集まってその美しさが保たれているのです。そのことを一度思い起こさねばなりません。

ところで、人間の生きている姿もそうだと思います。多くの人の支えがあり、ご縁の中で生きているといえます。一人で生きているといっても、どこかでつながりがあり、さまざまなご縁をいただいて今、私の存在があるということです。そのように考えれば、自ずと相手の立場を認め合うことにもなり、謙虚な態度も出てくるといえましょう。

（二〇二二年三月・四月）

やわらかな心

窓を開けると、比良《ひら》の山並みが目に映ります。緑が美しい。疲れたこころを癒やすには遠くを眺めるのも一つでしょう。近くに目を向けますと、満開だったツツジもいつの間にか青葉に変わっています。しかし私は、もうあの赤と白の華麗なコントラストは目にすることができない、などと思いつめることはしません。次はアジサイか、と気持ちは動き、自然の変化とともにこころもリフレッシュされます。

先日、川のそばを散策していていつも見る柳の木に出会ったのですが、それが全く違って見えるのが不思議でした。色も新鮮ですが、枝のしなやかさがなんとも柔らかく感じられ、優しささえ伝わってくるようでした。「しなやか」ということばには、類語として「たおやか」ということばもあります。「たおやかに流れている鴨川《かもがわ》」とか。どちらの語にも、私を許容してくれるひびきが感じられます。

しかし、しなやかな柳の枝は、固くはないが、決して折れたりはしません。それは、竹にもいえるようです。風に吹かれてしなることはあっても、折れることはありません。「柔軟に対応しながら……」と言います。これは柔弱《にゅうじゃく》とは違い、弱々しいことではありません。「柔軟な教育」と熟字しますと、決して縛りつけるのではなく、しなることがあっても、真っ直ぐ立っていける人を育てる、そんな教育の仕方をいうのでしょう。
法蔵菩薩《ほうぞうぼさつ》が阿弥陀仏になられる前に立てられた本願には、仏の光に遇《あ》う者は身も心も柔軟《にゅうなん》になることが誓われています。この柔軟ということばは、宗教的な救いの上でも用いられる語なのです。

（二〇二二年五月・六月）

蝉の幼虫

先日の夕方、あたりが薄暗くなりかけた頃、友と二人で西本願寺の中を歩いていました。ふと足元に目をやりますと、蝉《せみ》の幼虫がゆっくり動いています。そこは車も通ります。思わず「蝉の幼虫だ」と言いますと、その友はおもむろに拾いあげ、ここは危ないからとそばにある木の根元に移してやり、再び歩きはじめました。小さないのちを大切にする友の優しいこころが脈を打って感じとれ、いのちを大切にしようというスローガンをかかげるだけでなく、実践・行動を伴っていなければ、とつくづく思うことでした。

さて、蝉について、「蟪蛄《けいこ》春秋《しゅんじゅう》を識《し》らず」ということばがあります。蝉は、夏に地上に出て成虫となり、その夏のうちに生涯を終えていきます。春も秋も知りません。もちろん、今が夏だということもわかっていません。ただ懸命に鳴いて一生を終えるのです。それを見て可哀そうだと思うのは人間かもしれません。

しかしそう思っている人間も、どこから来て、どこに帰っていくのか知らないと経典に示されています。「生《しょう》の従来するところ、死の趣向《しゅこう》するところを知らず」とあります。いのちの来《こ》し方行《かたゆ》く末《すえ》を考えず、毎日同じことを繰り返してむなしく一生を終えるのなら、蝉とどれほどの違いがあるのだろう、そんな思いもしてきます。

人間には何でもできる、何でも知っている、そういう傲慢《ごうまん》な思いあがったこころがどこかにあるように思われます。普段、私達は自分自身に向き合っていないのです。それは外面ばかりを飾ったり気にして、内面を見ようとしないということです。眼に見える美しさもありますが、内から出てくる美しさもあります。仏法を聞くということは、私の本当の姿を知らせていただくことです。そこに人間として謙虚に生きていく美しさがにじみ出てくるように思えることです。

（二〇二二年七月・八月）

風

朝、窓を開けるとスーッと涼風が入り込んできました。野山では、咲きはじめたコスモスがたおやかに風にゆられているのでは、と庭のオレンジ色のそれを見ながら想像することでした。

最近、風についてこんなことを思いました。風のないところではたして植物は育つのだろうか、という疑問です。早速、友人に尋ねてみると、こんなことを教えてくれました。地上で風の起こらない状態を人為的に作ると、木はうまく生育しなかったが、人間の手で力を加えてゆすると、元気に生長していったというのです。これは、風にあたって木がなびいている状態と同じです。それによって地中の水分が吸いあげられているという説明をしてくれました。植物の生長に風は欠かせないということです。

このことから、風の力の大きいことが知らされます。風は空気の循環によって起こるのですが、もし無風の状態が続けば、あらゆるところにとどこおりが生ずることになるのではないでしょうか。いま、風のことを考えていると、自然に対する見方が少し変わっていく、そんな感じさえしてきます。自然とはバランスがとれていることだとも思えてくることです。

ところで、経典の中、とくに浄土の描写に、微風《みふう》、徳風《とくふう》、清風《しょうふう》などと風の描写が出てきます。

自然《じねん》の徳風やうやく起りて微動《みどう》す。その風調和《じょうわ》にして寒からず、暑からず、温涼《おんりょう》 柔軟《にゅうなん》にして遅からず疾《と》からず……風その身に触るるにみな快楽《けらく》をう。

とあります。心地よい風は私達のこころまで安穏《あんのん》にしてくれるのです。

いつも山々の緑が目に入りますが、風のおかげで、太陽の光にあって美しく輝いているのだろうと思う私がいます。どこからか自然《じねん》の声が聞こえてくるようです。

（二〇二二年九月・十月）

＊ 著者紹介 ＊

大田 利生（おおた りしょう）

1942年、広島県に生まれる。龍谷大学大学院文学研究科博士課程修了。現在、本願寺派勧学、龍谷大学名誉教授、大行寺住職。
著書に『増訂無量寿経の研究—思想と展開—』『阿弥陀経講讃』『香りを聞く』『譬喩に学ぶ』、編書に『漢訳五本梵本蔵訳対照 無量寿経』などがある。

自然の声に聞く 4

2023年10月20日 第1刷発行

著 者 大 田 利 生
発行者 鹿 苑 誓 史
発行所 合同会社 自照社
〒520-0112 滋賀県大津市日吉台4-3-7
tel：077-507-8209 fax：077-507-9926
hp：https://jishosha.shop-pro.jp
印 刷 株式会社 図書印刷 同朋舎

ISBN978-4-910494-26-5